Kleine Ravensburger

Amrei Fechner

Benno findet Freunde

Otto Maier Ravensburg

Auf Katjas Spielzeugregal
wohnen der Löwe
Alois, die Puppe Rosa
und das Häschen Hopper

Heute hat Katja Geburtstag.
Und wie sie am Geburtstagsmorgen aufwacht,
steht vor ihrem Bett ein Paket
mit einer großen lila Schleife.

In dem Paket ist ein Bär.
Ein Bär mit einem Rucksack.
„Ich werde dich Benno nennen",
sagt Katja. „Benno Bär."

Benno bekommt einen Extraplatz
am Geburtstagstisch
und das größte Stück Torte.

Und als Katja schlafen geht,
darf Benno mit.

Aber Benno ist kein bißchen müde.
Er wartet, bis Katja schläft,
dann klettert er ganz, ganz
vorsichtig aus dem Bett.

Benno fährt zum Spielzeugregal.
Mal sehen, ob dort jemand ist,
mit dem man spielen kann.

„Hallo, da oben!“ sagt Benno.
„Hallo!“ sagt der Löwe Alois.
„Wer bist du denn?“
„Ich bin Benno Bär“, sagt Benno.
„Ich suche jemand zum Spielen.“

„Ich spiele mit, ich spiele mit!“
ruft Rosa, die Puppe.

„Ich auch", sagt Hopper, das Häschen.
„Aber nur, wenn es nichts Gefährliches ist."

Sie spielen Fangen.
„Fangt mich!" ruft Benno.

Sie spielen Hopsen, nur Hopper nicht.
Er schaut lieber zu.

Sie spielen Verstecken, und Rosa muß suchen.

Sie fahren mit dem Auto spazieren, und irgendwann …

…sind sie alle schrecklich müde. Auch Benno.

Als es Morgen wird,

ist wieder alles still im Kinderzimmer.

Kleine Ravensburger

1 2 3 92 91 90

Kleine Ravensburger Nr. 47

Textbearbeitung: Anu Stohner
Umschlaggestaltung: Kirsch & Korn, Tettnang
Redaktion: Gerlinde Wiencirz
Printed in Germany · ISBN 3-473-33147-3